AF338062

L'ART

...RE EN LIVRE

L'ART

DE

FAIRE UN LIVRE,

MIS A LA PORTÉE DE TOUT LE MONDE,

D'APRÈS

Les Principes-Pratiques du Docteur D***,

EN

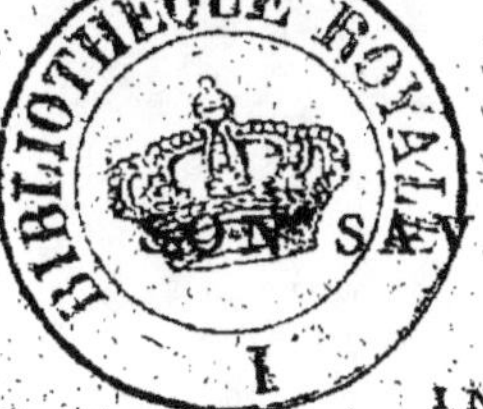

UN SAVANT OUVRAGE

INTITULÉ:

CAPUT SOMNIFERUM.

1811.

DÉDICACE.

QUELQUES personnes, peu au courant des productions miraculeuses que l'on doit chaque jour aux veilles de nouveaux savans, pourraient bien demander qui est ce M. D***, dont je veux faire connaître l'utile et commode pratique? Comment il a mérité le titre éminent de Docteur dont je le revêts? Enfin, ce que c'est que l'ouvrage scientifique que j'annonce sous le titre pompeux de *Caput Somniferum*? Je dois répondre à tout cela.

N'allez pas me dire, Lecteur, que vous

ne voyez point de *dédicace* dans ce préambule : il faut que vous sachiez qu'aujourd'hui *dédicace, avant-propos, exorde, discours préliminaire, prologue,* et même *avis* ou *avertissement* sont devenus synonymes, en dépit des Girard et des Bauzée. M. le docteur D*** le prouve miraculeusement tout au commencement de son *Caput Somniferum,* où vous pourrez lire ces mots remarquables : *Avertissement,* ou, SI L'ON VEUT, *préface, avis, dédicace,* etc. Tous ces mots n'ayant donc plus, d'après mon Docteur, qu'une seule et même signification, j'ai choisi le mot *dédicace,* comme le plus doux à mon oreille.

Mais revenons à nos moutons.

M. D***, Lecteur, est *toiseur* de son

métier ; et comme un homme sage rattache tout ce qu'il fait aux principes qui lui sont familiers, M. D***, quand il fait des livres, les fait *à la toise*. Gardez-vous de trouver cette méthode singulière ; elle est, je vous assure, très-commode, et surtout très-utile.

M. D*** est bel et bien Docteur, comme je le qualifie ; c'est ce dont le plus intrépide des incrédules ne pourra douter lorsqu'il aura achevé de me lire.

Et quant à l'immortel *Caput Somniferum*, je plains ceux qui ne le connaissent pas, et je les engage à se le procurer. Néanmoins ils ne le trouveront point chez l'imprimeur ni chez les libraires (ce mode de vente est celui de tout le monde, et mon Docteur a le mérite d'être en tout et partout original) ; mais ils le trouve-

ront chez l'auteur, rue neuve Saint-Eus-
tache, n°. 32, et chez un *concierge* de
ses amis.

En vous engageant, toutefois, à vous
procurer *le cher enfant de l'imagination du Docteur* (car c'est ainsi qu'il l'appelle), je dois vous prémunir contre un
mouvement de frayeur que vous pourriez
éprouver à l'ouverture du volume. Vous y
lirez, en titre, ces mots terribles : CAPUT
MORTIFERUM, et vous pourriez croire
que le livre va vous donner la mort. Ras-
surez-vous ; le livre est bénin, très-bénin.
Ce mot épouvantable MORTIFERUM
n'est autre chose qu'une faute d'impression , et c'est *Somniferum* qu'il faut lire,
comme on l'a vu dans le titre de cet écrit.
Les feuillets de ce fameux CAPUT, élé-
gamment façonnés en cornets dans les

pharmacies, vont désormais y remplacer
l'opium et le pavot. Prenez le livre, Lecteur, pour vous en convaincre ; vous
n'arriverez point à la dixième page sans
que vos yeux fermés, vos bras mollement
étendus, votre cou penché, ne soient une
preuve de l'erreur typographique que je
viens de relever.

Or, quoi de mieux au monde que de
dormir ! Le sommeil met à l'égal l'un de
l'autre le goujat et le héros, l'auteur du
Caput et Voltaire. Le *Caput Somnife-*
rum est donc le livre le plus précieux que
les bibliographes ayent jamais pu faire
remarquer.

J'ai dit que M. D*** était bel et bien
docteur ; je dois le prouver, et rien n'est
plus facile.

C'est en 1800 que M. D*** a soutenu

sa thèse de doctorat. Cette thèse n'était pas, comme les thèses vulgaires, l'énoncé de quelques principes ou axiomes que le candidat s'engageait à défendre, la thèse elle-même contenait tout, et le candidat n'avait ainsi rien à dire.

Une autre chose remarquable, c'est que cette thèse portait le titre de TARIF DES BATIMENS. Quelques ignorans, qui se proposaient d'acheter, l'un une maison, l'autre un château, crurent y trouver un tarif indicateur du taux auquel ils pouvaient porter le prix de leur acquisition, et furent fort étonnés de ne voir dans le développement de la thèse que des prix de matériaux et de main d'œuvre; ils n'avaient pas su apprécier l'élégante ellipse du titre, vrai modèle de laconisme. Abandonnons-les à leur stupidité;

M. D*** n'en a pas moins soutenu sa thèse.

Mais cette thèse a-t-elle été publique ? Oh oui : très-publique, je vous l'assure. M. D*** ne s'est pas contenté de cinquante à soixante auditeurs assis sur les bancs d'une école, il a voulu avoir tout Paris pour témoin.

En deux mots, la thèse de M. le Docteur D*** était un petit livre, format petit in-12, distribué par sa petite femme, dans une petite échoppe, au petit passage des Variétés, au bas d'un petit escalier, pour la petite somme de 3 liv.

On voit, par exemple, dans cet éton-nant petit chef-d'œuvre, que toutes les pierres dites *dures* sont toutes de même prix, quelle que soit leur qualité ; que, de même, les pierres *tendres*, plus ou moins parfaites, sont toutes également de même valeur.

Mais n'anticipons pas sur l'examen des rares beautés de cet ouvrage, dont je donnerai plus loin un extrait accompagné de quelques observations.

L'ART

DE

FAIRE UN LIVRE,

MIS

A LA PORTÉE DE TOUT LE MONDE,

*D'après les Principes-pratiques du Docteur D***, en son savant ouvrage intitulé : Caput Somniferum.*

PRINCIPE FONDAMENTAL.

LE grand but d'un auteur, en faisant ce que l'on appelle *un livre*, doit être de gagner de l'argent. Cela posé, il importe avant tout de bien s'entendre sur le sens de ce mot.

Les uns pensent *qu'un livre* est un ouvrage

d'esprit d'une certaine étendue ; mais on entend aussi par livre la réunion en un volume d'un certain nombre de feuilles de papier, uniformément pliées et remplies, soit à la main, soit à l'aide de l'imprimerie, de tout ce qu'il a plu à l'auteur d'y coucher. L'esprit n'est nullement nécessaire dans cette seconde espèce de livre ; sa valeur n'est pas idéale, variable, incertaine, comme celle d'un ouvrage d'esprit sur lequel on n'est jamais d'accord ; fondée sur la matière dont le livre se compose, cette valeur est fixe et certaine, et si le livre ne se lit pas, les feuilles servent toujours à quelque chose.

C'est donc à cette seconde espèce de livre qu'il est prudent de s'attacher, et c'est à elle que s'appliquent les principes admirables du docteur Somnifère, que je vais développer en trois chapitres.

CHAPITRE PREMIER.

Des accessoires d'un livre.

Premier précepte. — Puisqu'on ne fait un livre que pour gagner de l'argent, il faut, avant tout, se garer avec soin de ces arabes, connus sous le nom de contrefacteurs.

Quelques imbéciles ont pensé jusqu'ici qu'il suffisait pour cela de signer chaque exemplaire de l'ouvrage. Cette précaution n'est pas suffisante, suivant ce que nous enseigne le docteur *Somnifère* dans une note couchée sur le revers du titre de son ouvrage. Un homme prudent doit signer en encre de diverses couleurs ; et, en effet, l'on conçoit qu'une signature en encre *noire* se contrefait aisément, tandis qu'elle est inimitable si elle est en encre *rouge* ou *bleue*. Tout le monde ne concevra peut-être pas cela ; mais il est malin, le docteur *Somnifère !* Ainsi, rien de mieux que de l'en croire sur parole ; d'ailleurs, il nous assure dans sa note que l'emploi des diverses couleurs est un moyen sûr de déjouer non pas les *contrefacteurs*, mais les *contrefaçons*.

Deuxième précepte. — Puisqu'on ne fait un livre que pour gagner de l'argent ; puisque la valeur intrinsèque des choses ne consiste que dans la matière, il faut, lorsque l'on fait un livre, lui donner, autant qu'il est possible, de l'embonpoint.

Pour cela, ayez soin de barbouiller de noir quinze à seize pages de papier, et placez-les à la tête du volume. Ce péristile du livre, je vous l'ai déjà dit, se baptise comme l'on veut. On l'appelle, à son gré, préface, avertissement, dédicace, avant-propos ; vous avez le choix dans la nombreuse nomenclature qu'en donne le docteur *Somnifère*, et dans celle plus nombreuse encore qu'indique mystérieusement l'etc. qui la termine.

Une autre chose non moins commode, c'est que tant de mots, que le vulgaire des savans distinguerait les uns des autres, pouvant être indifféremment employés, on peut indifféremment aussi mettre à la suite tout ce que l'on veut. Ce que vous y écrivez n'a pas plus besoin de se rapporter au titre, qu'il n'a besoin de servir à l'intelligence de l'ouvrage.

Ce hors-d'œuvre appelle cependant tous les soins de l'auteur ; c'est là qu'il doit faire briller son imagination ; c'est là qu'il doit développer une éloquence toute particulière.

Pour vous former sur ce point, suivez dans sa marche le docteur *Somnifère* : faites arriver des Grandes-Indes, même du Japon, si

vous le préférez, un ami qui vous relève fiè-
rement *lorsque vous croyez n'avoir plus qu'à
vous baisser pour en prendre ;* un ami qui
vous trouve adroitement *un titre dans le mortier du pavage.* Ajoutez à la noblesse de ces
expressions par un style descriptif et surtout
bien clair. Comme le Docteur, dites *que vous
avez voulu donner du relief à votre chétive
production ;* que, pour cela, *vous l'avez or-
née d'un frontispice ;* que *vous avez fait ce
frontispice avec une plume,* et que *vous avez
dérobé cette plume sur le corps d'un auteur
disséqué.* Parsemez ce galimatias de quelques
quolibets de bon ton, comme, par exemple :
il va vous en vouloir en diable ; — *terminer
son livre cahin caha ;* — *régler des mémoires
ab hoc et ab hac :* imaginez enfin quelques-
unes de ces expressions neuves, qui frappent
d'admiration et d'étonnement, comme *une
phalange bâtimentale,* comme *faire grima-
cer une bigarrure ;* etc. etc.

Bientôt vous entendrez chacun s'écrier que,
digne de votre modèle, vous avez de l'esprit
comme on n'en a pas, et, pour me servir
des majestueuses expressions du docteur *Som-*

nifère, vous verrez votre réputation voler de bouche en bouche, *Per omnia secula seculorum.*

CHAPITRE II.

Du choix de la matière.

Après les soins qu'exige de l'auteur l'intéressant préambule dont je viens de lui tracer le plan, son attention doit se porter sur le choix de la matière de son livre. L'écueil le plus dangereux à cet égard est de vouloir donner du sien. Pour créer, il faut des connaissances, de l'imagination, du travail, du tems ; c'est à n'en pas finir ; un livre vous tient des années et ne vous fait pas gagner de quoi boire de l'eau. Il faut tailler autrement la besogne ; et, comme le docteur *Somnifère*, il ne faut vous imposer qu'un travail que vous puissiez faire à la toise.

Pour cela, prenez le livre d'un autre ; c'est bientôt fait : copiez-en impitoyablement 170 pages ; voilà dès lors votre livre avancé : ajoutez 170 pages de critique, ce qui est facile, et voilà un ouvrage de 340 pages achevé d'un tour de main : le voilà sous presse, le voilà vendu et voilà l'argent qui vous pleut de toutes parts ; il arrive chez vous ; il arrive chez le concierge : c'est une véritable bénédiction ! La méthode *à la toise* du toiseur-docteur *Somnifère* est donc éminemment la meilleure des méthodes.

Le choix du livre dont vous vous emparez ainsi exige néanmoins une attention.

Ne croyez pas que, pour rendre plus facile la critique dont vous aurez à vous occuper, vous deviez prendre de préférence un livre qui vous prête le flanc de toutes parts ; ce serait vous abuser étrangement.

Observez bien qu'une critique ne s'achète pas pour elle-même ; elle s'achète en raison de l'intérêt que l'on porte à l'ouvrage critiqué, et le but principal est de vendre.

Donc, a l'exemple du Docteur, choisissez un livre uti   dont l'édition nombreuse soit épuisée, et dont une édition nouvelle soit attendue. Les propriétaires de l'ouvrage voudront en avoir la critique et votre débit est assuré. Vous les verrez affluer chez vous et chez quelque portier ou concierge que vous vous adjoindrez pour la vente, et une abondante récolte sera le prix du choix du livre que vous aurez combattu.

Une difficulté va peut-être ici s'offrir à vos yeux. Vous allez croire que critiquer un bon livre n'est pas chose facile : d'une autre part, vous prévoyez qu'après avoir comparé votre critique à l'ouvrage, on pourra trouver que vous êtes un sot ; que vous serez bafoué, honni, maudit par ceux qui vous auront lu et qui regretteront leur argent.

Pur enfantillage que tout cela. Je laisse de côté l'impression que pourra produire la lecture de votre ouvrage, et quand vous aurez le bonheur d'avoir lu le *caput Somniferum*, vous serez convaincu que le Docteur pensait évidemment comme moi. Ne perdez pas de vue le principe fondamental dont je vous ai parlé plus haut ; observez que tout homme qui vous honnira vous aura lu, que qui vous aura lu aura acheté votre livre ; que, par conséquent, plus vous serez honni, mieux vous aurez atteint votre but ; et demandez au docteur *Somnifère*, vous verrez que les petits écus consolent.

Quant à la difficulté de la critique, c'est une chimère. Un bon livre peut aussi facilement être critiqué qu'un mauvais ; il ne faut pour cela que connaître la doctrine mise en pratique dans le *Caput*, et qui va être l'objet du chapitre suivant.

CHAPITRE III.

De la fabrication du Livre ou de la critique.

PLUSIEURS méthodes peuvent être employées avec un égal succès, et le plus sage est de les employer toutes à la fois. Le docteur *Somnifère* en a mis trois en pratique dans son ouvrage.

La première consiste à dénaturer le texte que vous voulez combattre, à décomposer les membres des phrases, à en supprimer des mots, à en ajouter d'autres ; tout cela n'est pas difficile à faire, et il est évident qu'au moyen de ce procédé si simple, on peut tout aussi aisément critiquer Bossuet que l'auteur du *Caput*.

La seconde méthode, enchérissant sur la

première, est de supposer des articles qui n'existent pas. Le champ le plus vaste s'ouvre alors devant vous.

La troisième méthode, qui s'applique à tout ce qui est calcul, consiste à changer des chiffres, à ajouter des totaux et mettre ainsi en variations l'ouvrage à critiquer, pour y trouver de faux résultats.

L'emploi de ces diverses méthodes ne présente point d'obstacles; l'homme le plus inepte peut se tirer de là; il ne faut qu'un peu de mauvaise foi, et quel mal à cela! les sots seuls se piquent trop de scrupule: l'excès en tout est un défaut; et puis la nécessité n'est-elle point la première des lois? Ainsi donc, puisque les moyens du Docteur sont infaillibles pour faire et vendre rapidement un ouvrage, il est permis de ne pas balancer.

Comme je n'ai pas la prétention d'être cru sur parole, je vais, 1°. mettre sous les yeux de mes Lecteurs l'extrait de la thèse doctorale de M. D***, pour établir sur des bases inébranlables la confiance due à tout ce qui sort de sa très-extraordinaire plume; 2°. appuyer, par des exemples tirés de son *Caput Somni-*

ferum, les trois miraculeuses méthodes à l'aide desquelles on peut, sans peine et sans effort d'imagination, fabriquer en peu de tems un livre de 340 pages in-8°. et voler à l'immortalité.

EXTRAIT

(LITTÉRALEMENT COPIÉ)

*De la thèse doctorale de M. D***, intitulée :* Tarif des Bâtimens.

AVERTISSEMENT.

LES prix portés dans ce Tarif sont extraits de règlemens administratifs des différentes natures d'ouvrages de bâtimens, faits pendant le cours de l'an 7 et les deux premiers trimestres de l'an 8 ; ils peuvent néanmoins servir pour plusieurs années, par une simple comparaison avec les prix courans des matériaux. On les avoit d'abord recueillis pour un usage particulier ; ensuite, dans l'intention de se rendre utile au Public, on les a rangé le plus méthodiquement et le plus en abrégé qu'il a été possible, sans les dénaturer en aucune manière ; et on les a fait imprimer.

Pour faciliter l'intelligence de ce Tarif aux presonnes qui ne sont pas assez au fait de l'art de bâtir, on a placé à la suite de cet avertissement le tableau comparatif du mètre avec la toise ; les réductions dites *de Légers ouvrages de maçonnerie*, selon BULLET (*k*), l'explication des abréviations ; et enfin la Théorie succincte de l'art de mesurer les ouvrages.

TERRASSE.

FOUILLÉ à 1, 5ᵈ de profondeur, jettée sur berge, à mètre cube ou stère.

	fr.	c.
En terre jectisse, sable ou gravier....	o	5o
En terre franche....................	o	6o
En terre-glaise......................	o	8o
En tuf.............................	1	oo

Ensuite par chaque 1, 5ᵈ de profondeur, et en outre des prix ci-dessus, 11 centimes.

(*u*)   FOUILLE, de quelque nature soit-elle, transportée à 20 mètres d'éloignement (c'est-à-dire à un relai)

En chemin de niveau................	o	12
En chemin de rampe................	o	15

FOUILLE, de quelque nature soit-elle, enlevée aux décharges publiques........... 3 oo

SALPÊTRE battu, de o, 1ᵈ; le mètre quarré. 1 10

GAZONNAGE ; le mètre quarré............ 3 oo

(13)

	fr.	c.
CHEMIN - ferré en cailloutage ; le mètre quarré..	2	00
JOURNÉE de terrassier, en ouvrage ordinaire.......................................	1	90
JOURNÉE *idem*, en ouvrage dans l'eau....	2	60
JOURNÉE d'un tombereau à un collier....	8	00
JOURNÉE *idem*, à deux colliers.........	13	00
SALPÊTRE non employé; le tombereau d'environ 0, 82ᶜ cubes	5	00
GLAISE ou argile, *idem*...............	4	50
SABLE, *idem*.........................	4	00

MAÇONNERIE.

Ouvrages en pierre de taille, comptés au mètre carré.

MURS droits de 0, 5ᵈ d'épaisseur, en pierre posée avec mortier de chaux et sable, non compris la taille des paremens.

	fr.	c.
En pierre dure......................	34	00
En pierre tendre....................	28	00

D'où il suit que chaque centimètre d'épaisseur de mur sur un mètre quarré coûte, non compris la taille ; savoir :

	fr.	c.
en pierre dure......................	o	68
en pierre tendre	o	53

Murs circulaires de o, 5ᵈ, en pierre et mortier, non compris taille des paremens.

| En pierre dure.................... | 39 | oo |
| En pierre tendre .... | 31 | oo |

Voûtes en berceau, de o, 5ᵈ, en pierre et mortier, non compris taille de la douelle.

| En pierre dure.................... | 43 | oo |
| En pierre tendre .... | 35 | oo |

Voûtes en calotte, de o, 5ᵈ, en pierre et mortier, non compris taille de la douelle.

| En pierre dure.................... | 45 | oo |
| En pierre tendre .... | 3g | oo |

Arrêtiers rentrans, pour voûtes en arc de cloître, ou autres.

| En pierre dure.................... | 18 | oo |
| En pierre tendre .... | 15 | oo |

Arrêtiers saillans pour voûtes d'arrêtes, lunettes, soupiraux, etc.

| En pierre dure.................... | 13 | 5o |
| En pierre tendre .... | 12 | oo |

Taille de chaque parement, ragréé et et jointoyé en plâtre; savoir:

| Mʳ. droit, en P. D................ | 5 | 5o |
| Mʳ. droit, en P. T................ | 2 | 4o |

	fr.	c.
M^r. circ., ou berceau, en P. D.......	8	25
M^r. circ., ou berceau, en P. T.......	3	60
Voûte en calotte, en P. D..........	11	00
Voûte *idem*, en P. T..............	4	80

ARRÊTES droites, saillantes ou rentrantes, de pilastres ou avant-corps, à mètre courant.

	fr.	c.
En pierre dure....................	o	45
En pierre tendre	o	40

ARRÊTES circulaires, à mètre courant.

	fr.	c.
En P. D.	o	67
En P. T.	o	60

Ouvrages en pierre de taille, comptés au stère.

PIERRE mise en œuvre, non compris la taille des paremens vus, savoir :

		fr.	c.
	Libages en fondation..............	47	00
(a)	P. D., franche...................	68	00
(b)	P. T.	56	00
	P. D. d'échantillon pour auges, marches, etc.	90	00

REFOUILLEMENS d'angles.

	fr.	c.
En P. D.	58	00
En P. T.	29	00

EVIDEMENS d'angles, compris fourniture de la pierre, savoir :

(16)

	fr.	c.
En P. D.	111	00
En P. T.	74	00

Trous pour scellemens, en P. D.

de o, 1ᵈ en quarré......................	o	70
de o, 2	1	20
de o, 3................................	2	40

Trous pour scellemens, en P. T.

de o, 1ᵈ en quarré..................	o	35
de o, 2	o	90
de o, 3............................	o	81

Ouvrages en moellon dur, hourdé en plâtre ou mortier de chaux et sable ; et comptés à mètre quarré.

Mur droit de o , 5ᵈ à paremens bruts..	9	00
Mur circ. de o, 5 *idem*.............	9	45
Voûte en berceau, de o, 5 *idem*......	10	20
Voûte en calotte, de o, 5 *idem*.	11	10

D'où il suit que chaque centimètre d'épaisseur de mur ou voûte sur un mètre quarré, coûte, non compris paremens bruts....... — o 18

Et que chacun desdits paremens coûte par mètre quarré, savoir :

en mur droit........................	o	23
en mur circulaire...................	o	45

Paremens essemillés, jointoyés en plâtre ou mortier de chaux et sable.

(17)

	fr.	c.
Sur mur droit en moellon dur	1	84
Sur mur droit en moellon tendre......	1	58
Sur mur circulairé, ou berceau en moel-		
lon dur............................	2	76
Sur mur circ., ou berceau en moellon		
tendre............................	2	38
Sur voûte en calotte, en moellon dur..	3	68
Sur voûte *idem*, en moellon tendre...	3	16

PAREMENS piqués, jointoyés en plâtre ou mortier de chaux et sable.

	fr.	c.
Sur mur droit en moellon dur........	3	68
Idem, en moellon tendre...........	3	16
Sur mur circul., ou berceau en moellon		
dur...............................	5	53
Idem, en moellon tendre	4	76
Sur voûte en calotte, en moellon dur..	7	36
Idem, en moellon tendre...........	6	32

*Ravalemens sur murs neufs, comptés
à mètre quarré.*

CRÉPIS sur murs ou voûtes.

		fr.	c.
(*e*)	En plâtre pur.....................	o	58
	En chaux et sable.................	o	52
	En chaux et ciment...............	o	80

ENDUIS sur murs ou voûtes.

		fr.	c.
(*f*)	En plâtre pur.....................	o	65
	En chaux et sable.................	o	58
	En chaux et ciment...............	o	92

(18)

fr.   c.

Enduis en plâtre sur crépis en plâtre.

(g)   Sur mur droit...................... 0   92
      Sur mur circulaire ou berceau....... 1   18
      Sur voûte en calotte 1   45

Crépis moucheté en plâtre pur......... 1   18
Badigeon sur mur neuf 3   10

Ouvrages (gros) *en réparations.*

Démolition pour percement de portes, croisées, etc., au stère.

      En P. D........................ 45   00
      En P. T........................ 30   00
      En brique...................... 36   00
      En moellon dur................. 15   00
      En moellon tendre.............. 14   00

Murs ou voûtes de o, 5^d d'épaisseur, en reprises pour réfection de jambages, tableaux de portes, croisées, soupiraux, et généralement toutes les réparations en sous-œuvre, excepté celles faites dans les fosses d'aisance ; lesdits murs et voûtes hourdés en mortier de chaux et sable, et comptés à mètre quarré.

Pour les murs droits.

      En pierre dure................... 37   40
      En pierre tendre................. 30   80
(c)   En brique de Bourgogne 69   85

	fr.	c.
En brique des environs de Paris (dite de pays)......................	34	93
En moellon.	9	90

Pour les murs circulaires ou voûtes en berceau.

En P. D.	47	00
En P. T.	38	50
En brique de Bourgogne...........	78	65
En brique de pays...............	39	33
En moellon.	11	22

Pour les voûtes en calotte.

En P. D.	49	50
En P. T.	42	90
En brique de Bourgogne	84	15
En brique de pays...............	42	08
En moellon.	12	21

Murs ou voûtes de o, 5^d d'épaisseur, en reprise dans les fosses d'aisance , hourdés en plâtre, et comptés à mètre quarré.

Pour les murs droits.

En pierre dure.	42	50
En moellon......................	11	50

Pour les murs circulaires ou voûtes en berceau.

| En P. D. .... | 53 | 75 |

	fr.	c.
En moellon	12	75

Pour les voûtes en calotte.

| En pierre dure...................... | 56 | 50 |
| En moellon .... | 13 | 80 |

Légers ouvrages en constructions neuves et à mètre quarré, sans avoir égard aux appréciations ou réductions (d'usages.)

LANGUETTES de cheminées enduites des deux côtés **3** 10

CLOISONS en fort pan de bois, lattées à claire-voie et enduites des deux côtés...... **3** 80

CLOISONS *idem*, mais seulement enduites d'un côté, et à bois apparens de l'autre.... **2** 97

CLOISONS creuses à lattis jointif et enduites des deux côtés. **6** 00

CLOISONS légères en menuiserie, lattées à claire-voie, hourdées et enduites des deux côtés............................. **3** 10

PLANCHER hourdé-plein et enduit par dessous à solives apparentes................ **2** 10

PLANCHER hourdé-plein et enduit des deux côtés............................. **2** 22

BANDE de trémie enduite par dessous.... **3** 80

ENTREVOUX (enduis d') de plancher.... **0** 68

	fr.	c.
(*h*) PLAFOND sur lattis jointif............	3	10
(*i*) PLAFOND avec augêts, compris rappointis.	4	00
LAMBRIS sur lattis jointif.............	3	00
LAMBRIS avec augêts.................	3	50
RECOUVREMENT de poutres ou autres pièces de charpente, sur lattis espacé de 0, 1^d en 0, 1^d.............................	1	50
AIRE en plâtre sur plancher hourdé-plein, et enduite de niveau...................	1	58
AIRE en plâtre sur bardeaux ou lattis jointif non cloué, enduite *idem* de niveau.....	1	90
AIRE *idem*, mais non enduite..........	1	84
AIRE sur lattis jointif cloué, et enduite..	2	12
AUGETS pour scellement de lambourdes sous parquets........................	1	50
CHAUSSES d'aisance, en boisseaux vernissés, recouverts d'une chemise ou enduit de plâtre ; le mètre courant...............	6	00
TUYAUX de grais pour ventouses, recouverts d'une chemise en plâtre ; le mètre courant.................................	3	00
CUEILLIES d'arrêtes ; le mètre courant...	0	20
ARRÊTES droites d'enduit sur crépi en plâtre ; le mètre courant.................	3	35
ARRÊTÉS circulaires *idem*	0	53
JOINTS d'appareil tirés ou crochet.......	0	20

	fr.	c.
Joints au ciment.	4	85
Joints en mastic de fontaine ou Corbel.	1	20

Solins en plâtre, comptés à mètre courant :

	fr.	c.
d'auvent.	1	05
de tuyaux de descente.	0	53
de châssis à verre.	0	26

Siége d'aisance (chaque) compris scellement de la lunette. ... 6 00

Scellement (chaque) en plâtre et tuilaux suivant leur force, depuis o ^{fr} 3^d, jusqu'à... 1 20

Légers Ouvrages en réparations
(sans usages.)

Rejointoyement sur vieux murs ou voûtes en pierre de taille, compris dégradations et enlèvement des gravois, comptés à mètre quarrés :

	fr.	c.
en plâtre	0	31
en chaux et sable	0	26
en chaux et ciment.	0	39

Rejointoyement sur vieux murs ou vieilles voûtes en moellon essemillé, ou piqué, compris dégradation et enlèvement des gravois.

	fr.	c.
En plâtre	0	47
En chaux et sable	0	39

(23)

fr. c.

En chaux et ciment .... o 58

REJOINTOYEMENS sur vieux murs ou voûtes en brique, compris dégradation et enlèvement des gravois; à mètre quarré.

En plâtre........................... o 62
En chaux et sable...................   52
En chaux et ciment.................. o 79

CRÉPIS sur vieux murs ou vieilles voûtes en moellon, compris dégradation des vieux crépis, et enlèvement des gravois, à mètre quarré, savoir :

En plâtre........................... o 71
En chaux et sable .... o 65
En chaux et ciment.................. o 92

ENDUIS sur vieux murs ou vieilles voûtes, en brique ou moellon, compris dégradation des anciens enduis et enlèvement des gravois, à mètre quarré, savoir :

Sur murs droits..................... 1 05
Sur murs circulaires 1 32
Sur voûtes en calotte............... 1 64

RENFORMIS et enduis sur crépis en plâtre sur vieux murs ou vieilles voûtes, en brique ou moellon, y compris dégradation des vieux enduis et enlèvement des gravois; à mètre quarré.

Sur murs droits 1 18

3

	fr.	c.
Sur murs circulaires ou berceaux.......	1	45
Sur voûte en calotte...............	1	77

LANCIS, renformis et enduis sur crépis en plâtre, sur vieux murs ou vieilles voûtes, en brique ou moellon, compris dégradation et enlèvement des gravois ; à mètre quarré.

Sur murs droits..................	1	38
Sur murs circulaires ou berceaux.....	1	77
Sur voûtes en calotte..............	2	18

RAVALEMENS en plâtre sur vieux murs en moellon, compris dégradation des vieux plâtres et enlèvement des gravois ; à mètre quarré.

| Sur murs droits.................. | 1 | 32 |
| Sur murs circulaires.............. | 1 | 71 |

RAVALEMENS avec renformis ; à mètre quarré.

| Sur murs droits.................. | 1 | 77 |
| Sur murs circulaires.............. | 2 | 18 |

PLAFONDS (réfection de vieux) en plâtre ; à mètre quarré.

| Sur ancien lattis................ | 1 | 84 |
| Sur lattis neuf................. | 3 | 28 |

LANGUETTE (réfection de) de souche de cheminée, en plâtre ; le mètre quarré..... 3 42

CREVASSES (bouchement de), en plâtre, sur vieux murs ; à mètre quarré, savoir :

	fi.	c.
de 0, 10ᶜ de large................	0	25
de 0, 25........................	0	35

CREVASSES (bouchement de) en plâtre ;
sur vieux plafonds ; à mètre courant.

	fi.	c.
de 0, 01ᶜ de large.........	0	35
de 0, 25........................	0	50

Ouvrages en brique.

BRIQUE de 0, 1ᵈ, posée avec plâtre, ou
mortier de chaux et sable, à paremens bruts ;
à mètre quarré , savoir :

	fi.	c.
(d) Languette droite en brique de Bourgogne...........................	12	70
Languette en brique des environs de Paris, dites de pays..............	6	35
Languette circulaire en brique de Bourgogne........................	14	00
Idem , en brique de pays........,......	7	00

VOUTES en brique de 0, 1ᵈ, posée à bain
de plâtre ou de mortier ; à mètre quarré.

	fi.	c.
En berceaux en brique de Bourgogne..	14	30
Idem , en brique de pays............	7	15
En voûtes en calotte , en brique de Bourgogne.........................	15	30
Idem , en brique de pays...........	7	65

BRIQUE à bain de plâtre , ou de mortier de
chaux et sable ; à mètre cube ou stère.

	fr.	c
En brique de Bourgogne............	127	oo
En brique de pays	63	5o

Paremens de brique, jointoyés en plâtre, ou mortier de chaux et sable; à mètre quarré.

	fr.	c
Paremens droits	1	10
Paremens circulaires	1	6o
Intrados de voûtes en calotte........	2	10

Matériaux rendus au bâtiment.

	fr.	c
Pierre dure ordinaire ; le stère.......	39	42
Pierre dure, en morceaux d'échantillon.	65	16
Pierre tendre	33	58
Moellon	8	54
Platras	5	oo
Chaux non éteinte.................	65	oo
Ciment	3o	oo
Sable de rivière..................	5	5o
(*l*) Platre	15	8o
Gravois enlevés aux champs........	3	5o
(*m*) Brique de Bourgogne ; le millier......	11o	oo
Brique des environs de Paris........	4o	oo
Lattes (la botte de).............	1	20
(*n*) Clous à lattes ; le kilogramme........	1	6o
Boisseau vernissé, pour chausse d'aisance.....................	1	3o

	fr.	c.
TUYAU en grais, de o, 1ᵈ de diamètre...	o	75

JOURNÉES d'ouvriers, savoir :

	fr.	c.
d'appareilleur	5	oo
de tailleur de pierre	3	5o
de poseur	4	oo
de contre-poseur	3	5o
de maître-compagnon	4	5o
de maçon	3	25
de limosin	2	25
de manœuvre	2	oo

VITRERIE.

	fr.	c.
(o) VERRE d'Alsace ou commun (en petite mesure, c'est-à-dire jusqu'à o, 3ᵈ de mètre quarré), mis en place et mastiqué ; le mètre quarré	7	15
(p) VERRE d'Alsace (en grande mesure, c'est-à-dire depuis o, 12ᶜ jusqu'à o, 4ᵈ de mètre quarré)., mis en place et mastiqué, le mètre quarré	9	5o
VERRE d'Alsace monté en plomb par pannelets, et posé en place ; le mètre quarré..	9	oo
VERRE blanc ou verre en table, mis en place et compté au paquet,		
Première qualité	28	oo

(28)

	fr.	c.
Deuxième qualité..................	26	00
Troisième qualité.................	24	00

NETTOYAGE de carreaux (de la petite mesure),

(q) couverts de peinture (chacun)........	0	08
non couverts de peinture.............	0	04

NETTOYAGE de carreaux (de la grande mesure); au mètre quarré, savoir:

couverts de peinture...............	1	00
non couverts de peinture...........	00	50

(s) MASTIC à l'huile (languette de), pour carreaux vieux-posés ; le mètre courant...	0	30
(r) MASTIC *idem* non employé ; le kilogramme............................	1	20
LIENS en plomb ; le mètre courant......	0	60
JOURNÉE de compagnon vitrier..........	3	50

PEINTURE.

Ouvrages au mètre quarré.

	fr.	c.
ÉCHAUDAGE	0	10
LESSIVAGE à l'eau seconde...........	0	25
GRATTAGE ordinaire sur plâtre	0	15

	fr.	c.
GRATTAGE ordinaire sur bois	0	40

(*t*) *Nota.* Il sera plus juste de payer ces grattages suivant le tems y passé, pris par attachement.

BADIGEONNAGE extérieur	0	15
BLANC en détrempe sur plafond	0	20

COULEURS communes en détrempe, comme blanc, gris, rouge, jaune, etc.,

à une couche................	0	50
à deux	0	40
à trois	0	50

COULEURS rouge ou jaune en détrempe sur carreaux ou parquets,

à une couche	0	30
à deux	0	45

COULEURS rouge ou jaune *idem* sur carréaux, la première et la dernière en détrempe, et la deuxième à l'huile ....

....	0	70

ENCAUSTIQUE sur carreaux,

non frotté	0	15
frotté	0	30

(*y*) COULEUR en détrempe imitant la pierre, avec joints d'appareil figurés	2	15
(*z*) COULEUR en détrempe imitant la brique, avec joints figurés	1	75
COULEUR ordinaire en détrempe vernie....	2	00

	fr.	c.
Couleur fine *idem*....................................	2	50

Couleurs communes à l'huile, comme gris, jaune, rouge, olive, etc.,

à une couche	o	50
à deux..................................	o	90
à trois	1	30

Couleurs fines à l'huile,

à une couche	o	65
à deux..................................	1	00
à trois	1	45

(*aa*) Encollage et vernis sur tenture en papier de o, 45 à............................. o 75

(*v*) Marbres à l'huile et vernis, suivant leur mérite, depuis 4 fr. jusqu'à............ 5 00

(*x*) Bois de décor à l'huile, et vernis, selon qu'ils seront plus ou moins bien faits, depuis 5 fr. jusqu'à.................... 6 00

Ouvrages à mètre courant.

Joints d'appareils figurés, savoir :

en détrempe ....!.	o	15
à l'huile	o	20

Plintes de o, 1ᵈ environ de hauteur,

en détrempe............................	o	15
à l'huile	o	30
à l'huile et vernis	o	45

	fr.	c.
en marbre et vernis	1	00
FILET noir à l'huile ou à la colle........	0	15
MAIN de papier gris employée à reboucher les gersures, trous, etc................	1	20
JOURNÉE de compagnon peintre	4	00
PIÈCES de ferrures, savoir,		
en noir au vernis..................	0	12
en couleur d'acier.................	0	20
CONTRE-CŒURS de cheminées, savoir :		
en grisaille.....................	0	75
à la mine de plomb...............	6	00
CHAMBRANLE en marbre		
sans tablette...................	9	00
avec tablette et retour............	13	00
BALCON de croisée en couleur d'acier, à l'huile............................	3	00
TABLEAUX de croisée en blanc de détrempe.............................	1	00

DORURE.

	fr.	c.
OR MAT pour bordures de glaces, tableaux ou boiseries; le mètre quarré...........	57	00
OR TAILLÉ, réparé, bruni pour boiseries *idem*; le mètre quarré................	71	00

	fr.	c.
Or moulu uni et bruni; le mètre quarré.	684	00
(*bb*) Or moulu orné; le mètre quarré….	770	00
Or au feu sur le fer; le mètre quarré…	285	00
Bronze au feu; le mètre quarré…….	85	00

NOTES

*Sur l'Extrait qui précède de la thèse doctorale de M. D***.*

OBSERVATION PRÉLIMINAIRE.

Je ne m'arrêterai pas sur tout ce qu'il y a de savant dans l'extrait que je viens de transcrire; ce serait manquer de confiance dans la sagacité de mes Lecteurs. Je me bornerai à de simples notes sur quelques articles que j'y ai indiqués par des lettres de renvoi.

Pour y mettre un peu d'ordre, je les diviserai en trois paragraphes : le premier fera voir *comme quoi* le Docteur n'est pas d'accord avec tout le monde; le deuxième *comme quoi* il n'est pas d'accord avec son Tarif ; le troisième *comme quoi* il n'est pas d'accord avec son *Caput.* De là, et attendu que tout ce que dit le Docteur est, par cela seul, incontestable, il résultera clairement que le Docteur en sait plus que tout le monde, et, ce qu'il y a de plus beau, qu'il en sait plus que lui-même.

§ Ier

Comme quoi le Docteur n'est pas d'accord avec tout le monde.

(*a* et *b.*) Le Docteur nous a, je crois, dit quelque part qu'il y a fagot et fagot. N'allez pas conclure de là, Lecteur, qu'il y ait aussi pierre dure et pierre dure, c'est-à-dire, par exemple, que le *liais* vaille mieux que la *pierre franche* ; n'allez pas croire qu'il y ait aussi pierre tendre et pierre tendre, en sorte que le *Saint-Leu* vaille moins que le *Conflans* ; ne pensez pas non plus qu'il doive y avoir une grande différence entre le prix de la fourniture, de la taille et de la pose de la pierre dure et celui de sa démolition ; vous

vous tromperiez grandement, car le Docteur, page 4 de son Tarif, nous enseigne qu'il n'y a qu'un seul prix pour les pierres dures ainsi que pour les pierres tendres, quelque différence qu'il paraisse y avoir dans leur qualité; que le prix pour démolition de pierre dure, page 7, est de 45 fr., tandis que celui pour sa fourniture, sa pose et sa taille, page 4, n'est que de 68 fr.

(*l*, *m* et *n*.) Un muid de plâtre vaut aujourd'hui 15 fr.; à l'époque du Tarif du Docteur, il ne valait que 13 fr. 50 c.; le docteur l'y a porté, page 15, à 15 fr. 80 c. Un millier de briques de Bourgogne vaut 86 fr.; il ne valait que 75 fr. à l'époque du Tarif; le Docteur l'a estimé, même page, 110 fr. Un kilogramme de clous à lattes valait lors du Tarif, comme aujourd'hui, 1 fr. 10 c.; le Docteur, toujours même page, a élevé ce prix à 1 fr. 60 c. Il serait injuste de trop s'apesantir sur cet article; lorsque le Docteur a écrit son Tarif, il avait à vendre, dit-on, des clous à lattes, du plâtre et surtout des briques de Bourgogne; il a fait valoir sa marchandise, rien de plus naturel : ainsi passons.

(*v* et *x.*) Vous croiriez, Lecteur, avec tous les experts-vérificateurs, que la peinture imitant le marbre vaut plus que celle imitant le bois;

(*y* et *z.*) Vous croiriez que la peinture imitant la pierre vaut moins que celle qui imite la brique;

(*aa.*) Vous croiriez qu'un encollage avec vernis sur tenture de papier devrait être, dans tous les cas, de même prix;

Je croyais aussi tout cela, moi; mais j'ai reconnu que je ne suis qu'un sot, car le Docteur me dément, ainsi que tous les vérificateurs du monde, pages 70 et 71 de son Tarif.

(*bb.*) Vous n'auriez, au contraire, jamais cru que le prix de l'or moulu, employé, par exemple, à dorer une pendule, pût s'estimer à tant le mètre carré. Vous ne saurez même comment vous y prendre pour évaluer la surface de mille formes diférentes que présentent divers meubles de cette espèce : n'importe, tirez-vous en comme vous le voudrez; c'est ainsi que cela doit être, car le Docteur a écrit, page 72 : Or moulu orné, *le mètre quarré*, 770 fr. 00. Recourez au livre, Lecteur, si vous le voulez; vous verrez que je cite fidèlement jusqu'à l'ortographe du Docteur, qui n'est pas non plus celle de tout le monde, et pas même celle de l'Académie.

§ I I.

Comme quoi le Docteur, dans son Tarif, n'est pas d'accord avec son Tarif.

(*c* et *d*.) Notre Docteur, page 7, fixe à 69 fr. 85 c. le mètre carré de brique de Bourgogne, lorsqu'elle est employée à un mur en reprise pour dosseret, et page 13 (note *d*) il l'estime 12 fr. 70 c. le décimètre ou 127 fr. le mètre, lorsqu'elle est employée en languette droite. Il est vrai qu'il y a la différence de main d'œuvre, mais elle est, au plus, de 10 fr. Ajoutons à la première somme ces 10 fr. de main d'œuvre, et nous aurons 79 fr. 85 c. au lieu de 127 fr. Cela ne se rapproche guère; mais c'est pour cela même que c'est merveilleux.

Quoi qu'il en soit, Lecteur, ne regardez pas cela comme une contradiction proprement dite ; ces discordances, comme vous le verrez à la fin de ce paragraphe, sont la preuve la plus marquante de la profonde science du Docteur.

(*e*, *f* et *g*.) Page 6, le Docteur porte le crépi sur moellon à 58 cent. le mètre carré, et plus bas il estime l'enduit à 65 cent. : total pour le crépi et l'enduit, 1 fr. 23 c. Cependant à la page 7 (note *g*), le crépi et l'enduit réunis ne sont plus que de 92 c. Prenez patience, Lecteur, vous verrez qu'il y a encore de bonnes raisons pour cela.

(*h*, *i* et *k*.) Les plafonds lattés jointifs sont évalués, page 9, à 3 fr. 10 c., et l'article suivant les porte à 4 fr. lorsqu'ils sont avec auget : c'est plus d'un quart d'augmentation. Cependant, dans l'Avertissement en tête du Tarif, page *vi*, le Docteur nous dit que, pour ce que l'on appelle *légers*, il faut se conformer à la méthode de Bullet ; et Bullet, dans son ouvrage intitulé *Architecture-pratique*, ne donne, page 85, qu'un 6ᵉ. d'augmentation pour les augets. Patience, encore une fois, mon cher Lecteur.

(*r* et *s*.) Page 69, le Docteur porte le prix

d'un kilogramme de mastic non employé à 1 fr. 20 c. ; dans l'article précédent, il l'évalue, lorsqu'il est employé, à 30 cent. le mètre courant ; et comme avec un kilogramme de mastic on peut faire 20 mètres courans de languettes, ces 20 mètres courans, à 30 cent., produisent 6 fr. ; la main d'œuvre par mètre courant est de 4 cent. : total pour les 20 mètres, 80 cent., qui, déduits des 6 fr., laissent 5 fr. 20 cent. pour prix du mastic. Ainsi, le kilogramme de mastic non employé vaut, p. 69 (note *r*), 1 fr. 20 c., et même page (note *s*) il vaut 4 fr. de plus.

Maintenant, Lecteur, il faut que je vous tienne parole et que je vous dise de quel œil vous devez regarder ces petites variantes.

Je vous ai déjà dit qu'on ne doit faire un livre que pour gagner de l'argent ; mais mon Docteur ne se borne pas là : il veut que la vente de son livre ne l'empêche pas de gagner de l'argent de quelque autre manière. Réfléchissez bien à ce que deviendrait un pauvre toiseur s'il s'avisait de faire un livre de telle manière qu'il ne lui fût pas permis d'estimer la même chose à des prix différens ; il mour-

rait de faim. Si ces prix sont justes et raison-
nables, ils ne présenteront d'appât pour personne, et l'on ne voudra pas plus de lui que
de son livre ; si les prix sont trop forts, pas
un homme qui aura fait bâtir ne l'appellera ;
s'ils sont trop faibles, adieu la pratique des
entrepreneurs. Il était donc important d'éviter
tous ces écueils ; il fallait présenter les objets
à estimer, tantôt réunis, tantôt divisés, pour
se conserver un peu de marge dans les estimations ; il fallait enfin, dans le style de l'Avertissement du *Caput Somniferum*, savoir ainsi
ménager la chèvre et le chou, ou, si vous
préférez, allumer, au besoin, une chandelle
au diable.

§ I I I.

Comme quoi le Docteur, dans son Tarif,
n'est pas d'accord avec son Caput Somniferum.

(*o* et *p.*) Page 68 de son tarif, le Docteur
indique l'évaluation par classes de verre d'Alsace, et il donne des prix différens pour chaque
classe. Page 288 de son *Caput somniferum*,
il blâme fortement ce mode d'évaluation, et

4

dit que c'était une erreur qu'il fallait démontrer, au lieu de la propager.

(*q*) Même page, le Docteur fixe le prix du nétoyage des verres à tant la pièce. Page 3oo de son *Caput*, il proscrit ce mode; il ne se contente même pas d'une division en grands et petits carreaux, il veut que le nétoyage soit estimé *en raison de la surface*.

(*t*) Page 69 de son Tarif, le Docteur enseigne que les grattages doivent être payés *suivant* LE TEMS Y PASSÉ, pris par attachement. (*Le tems y passé !* comme c'est joli !) Mais passons aussi. Dans son *Caput*, p. 233, parlant de ce mode de payer par attachement, il dit : « Je suis *d'avis contraire*. Un particulier « n'a pas habituellement un inspecteur pour « prendre attachement des journées; il con- « vient donc de préférer que tout soit compté « en superficie ». Ensuite le Docteur, qui aime à rire, rassemble en quatre lignes une quinzaine de mots en *age*, qui font la plus jolie petite cacophonie du monde, pour nous faire voir qu'il faut proscrire de notre langue les mots qui se terminent ainsi. En conséquence, mon cher Lecteur, si jamais vous prenez en main le Tarif du Docteur, vous au-rez soin, quand vous en serez à la 69e. page, de la déchirer toute entière.

(*u*) Page 1ere. de son Tarif, notre Docteur établit un prix commun pour le transport des terres sans égard à leur poids ; il ne fait de différence qu'en raison de ce que le che-min est en rampe ou de niveau. Dans son *Caput*, page 338, il se fâche de ce que l'on n'a pas assez détaillé les différences de terres entre elles, différences qui sont telles, que la charge de telle brouette pourrait n'être que de 95 livres, tandis que celle de telle autre pour-rait être de 135 livres. Nous apprenons ainsi, dans le Tarif, que le poids de la terre ne fait rien au prix du transport, et dans le *Caput* qu'il faut, avec soin, y avoir égard.

Observation générale sur ce paragraphe.

Je ne cesserai de répéter que c'est pour gagner de l'argent qu'il faut faire un livre : il faut donc en faire pour tous les goûts. Il faudrait être stupide pour ne pas s'apercevoir qu'en disant, dans son *Caput*, tout le con-traire de ce qu'il avait dit dans son tarif, le Docteur a fait ce raisonnement :

Ceux qui voudront prouver qu'il faut diviser les verres d'Alsace par classe ; qu'il faut payer à la pièce le nétoyage des verres ; que les grattages doivent être estimés suivant le *tems y passé* ; que le poids de la terre ne fait rien au prix du transport, etc. etc., acheteront mon Tarif ; ceux qui voudront prouver le contraire acheteront mon *Caput*.

Vous voyez donc, Lecteur, que ce que le vulgaire prendrait pour des contradictions et de l'ignorance n'est ici qu'une série de variantes savamment combinées pour arriver plus sûrement au but que doit se proposer un auteur : *gagner de l'argent*.

Pouvais-je, je le demande maintenant, choisir un meilleur maître que le *docteur Somnifère*, pour écrire sur l'art de faire un livre ? Personne, sans doute, ne m'en fera le sacrilége reproche, et c'est avec confiance que je vais présenter maintenant les diverses méthodes que le Docteur emploie pour cette espèce de fabrication.

PREMIÈRE MÉTHODE.

Altérer le texte que l'on veut critiquer.

Ier. EXEMPLE.

Je ne sais si je vous ai dit, Lecteur, que c'est sur un ouvrage intitulé : *Tableaux dé-taillés*, etc., que le docteur *Somnifère* a exercé son talent.

Dans ces *Tableaux détaillés*, titre de la *Maçonnerie*, l'auteur, parlant de pierres tendres, disait : « On ne les emploie d'ordinaire, « dans les constructions, que pour les par-« ties *au-dessus des premiers étages*, et qui « doivent avoir ou non des moulures ou des « sculptures ».

Le docteur ne voyait rien à dire sur cette phrase ; cependant il voulait la critiquer. QU'A-T-IL FAIT ?

Il a ôté tout simplement les mots princi-palement indicatifs de l'emploi que l'auteur voulait désigner ; il a, pag. 73 et 74 de son *Caput*, traduit la phrase ainsi : *On n'emploie ces pierres que pour les parties qui doivent avoir ou non des moulures.* Par ce moyen, la phrase n'avait plus le sens commun.

De même, au lieu de dire, comme à la page 78 des *Tableaux détaillés*, titre de la *Poëlerie* : « Cette partie se distingue, *par son utilité, de toutes les professions dont les travaux concourent à la commodité des habitations,* en *en* rendant par divers moyens, la température aussi salubre qu'agréable », le Docteur a supprimé, p. 501 de son *Caput,* les mots que je viens de distinguer en caractère italique, et il n'est ainsi resté qu'une phrase saugrenue, à la suite de laquelle le Docteur nous débite ce beau vers :

Voilà du fruit nouveau dont l'auteur *nous régale.*

Vous voyez donc que cette première méthode du docteur *Somnifère* est d'une pratique extrêmement facile.

I I^e. E X E M P L E.

A la page 1ere. des *Tableaux détaillés,* titre *Carrelage*, l'auteur disait, en parlant du mode de mesurer le carrelage : « On indiquera l'espèce et *la qualité* des carreaux, ainsi que

la manière dont ils seront posés, *soit en plâtre,
soit en mortier* ».

Il n'y avait encore rien à dire sur ce texte.
Pour estimer le prix du carrelage, il faut,
sous le rapport de la matière, en considérer
la qualité ; il faut ensuite, sous le rapport de
la pose, savoir si on a employé du plâtre ou
du mortier.

Qu'a fait le Docteur ? Encore une traduc-
tion à sa manière et tout à fait ingénieuse.
« On indiquera, a-t-il dit, page 185 du *Caput*,
l'espèce et la *quotité* des carreaux, ainsi que
la manière dont ils seront posés, *en long ou
en large, à plat ou de chan* ». Et pour qu'on
ne regarde pas surtout ce mot *quotité* comme
une faute d'impression, pour que l'on fût bien
sûr qu'il y avait bien regardé, et faire croire
que c'était de ce mot (absurde dans cette
phrase) que l'auteur s'était servi, il a eu soin
de le faire imprimer avec des guillemets et
en caractère italique.

Quoi de plus simple encore !

I I I°. E x e m p l e.

L'auteur des *Tableaux détaillés* avait donné

page 10, de la *Couverture*, le détail du prix d'une toise superficielle couverte en ardoises neuves, carrées fines, comptées sans usage. Dans ce détail, il avait fait d'abord un premier total composé du prix des différentes fournitures ; à ce total il avait ajouté le déchet, la façon et les faux frais, pour former un deuxième total ; enfin, ajoutant le bénéfice dû à l'entrepreneur, le tableau détaillé présentait pour résultat ces mots : *valeur de la toise superficielle*, 18 liv. 2 s. 3 den. Des détails de cette espèce n'étaient pas du goût du Docteur ; il y avait à l'auteur des *Tableaux détaillés* une maladresse inconcevable à mettre ainsi l'homme le moins exercé dans la partie à même de vérifier un ouvrage sans le secours d'un vérificateur ; il fallait critiquer et culbuter ce tableau.

Qu'a fait le Docteur ? la chose la plus innocente et la plus facile encore. Il a remplacé, page 169 de son *Caput*, les mots : *valeur de la toise superficielle*, par ceux-ci : *troisième total*, afin que l'on crût que l'opération n'était point achevée et que l'auteur était resté à mi-chemin. Après quoi, pour rendre sa critique plus piquante et pouvoir

amener cette phrase sonore : *le total des totaux est faux*, il a supposé que l'auteur du
tableau avait parlé de pose de *volice* pour
cintre, tandis qu'il avait parlé de volice pour
couverture.

A la page 176 du *Caput somniferum*, le
Docteur a estropié de la même manière, et
avec la même bonne foi, le tableau contenant
le détail d'une toise superficielle de tuiles *grand
moule*, à claire voie.

Ensuite, tout victorieux et tout content de
lui-même, surtout de cette invention brillante,
troisième total, il s'écrie : « Amateurs de trois
totaux pour une seule et même addition, ne
pleurez plus, ils vous seront rendus ».

IIe. MÉTHODE.

*Supposer dans le texte à critiquer des
phrases qui n'y sont pas.*

Dans le chapitre de la *Menuiserie*, p. 65,
l'auteur des *Tableaux détaillés*, en parlant
de cloisons en planches de sapin *blanchies
des deux côtés*, avait dit simplement : Façon,
11 heures $\frac{1}{2}$.

L'auteur du *Caput* ajoute à cela, dans sa page 2o3 : « c'est-à-dire pour les couper et dresser, 2 heures 10 minutes; pour les rainer, 2 heures 10 minutes ; et pour les blanchir, 6 heures 4o minutes ». Et comme les détails de cette bénévole addition n'ont pas le sens commun, l'auteur a pu facilement tirer de là un joli petit article de critique, intitulé : *Contradictions.*

Je ne parle pas ici de ce que l'auteur du *Caput* donne les détails de 11 heures seulement, au lieu de 11 heures $\frac{1}{2}$; je ne parle pas de ce que la division du tems qu'il donne ne ressemble en rien à celle qu'il pouvait trouver dans mes *Tableaux détaillés ;* ces petites supercheries, très-loyales, rentrent dans la 1ʳᵉ. et la 3ᵉ. méthodes.

IIIᵉ. MÉTHODE.

Changer ou transposer des chiffres.

Au chapitre de la *Menuiserie,* page 189, l'auteur des *Tableaux détaillés* avait porté à 42 liv. 7 s. le prix d'une toise superficielle de lambris.

'L'auteur du *Caput* a voulu contredire cette évaluation ; et pour le faire tout à son aise, il a substitué, page 205, la somme de 37 liv. à celle de 42 liv. 7 s.

A la page 278 du même chapitre, l'auteur des *Tableaux détaillés* avait fixé à 49 l. 11 s. 10 d. le prix d'une toise superficielle de volet à petit cadre ; il l'avait fait en conséquence des élémens qu'il avait donnés pages 15 et 17 de la même partie de l'ouvrage. Le docteur *Somnifère*, page 205 du *Caput*, a substitué 42 liv. à 49 l. 11 s. 10 d. ; après quoi il s'écrie que, d'après de semblables estimations, les entrepreneurs seraient exposés à perdre sur leur ouvrage.

Vous voyez, Lecteur, que, comme je vous vous l'avais dit, ces divers moyens sont si simples, qu'un enfant de quinze ans peut les mettre en pratique tout aussi bien qu'un Docteur.

PÉRORAISON.

J'aurais pu citer un bien plus grand nombre d'exemples ; j'ai même découvert, tout en travaillant, quantité d'autres méthodes que le docteur *Somnifère* a employées avec un égal succès : chaque page m'en offrait ; et, comme le dit fort bien le Docteur , *il n'y a* réellement *qu'à se baisser pour en prendre* dans son ouvrage ; mais, ma foi, cher Lecteur, cherchez tout cela vous-même : une force invincible vient me subjuguer ; la vertu narcotique du *Caput* glace mon imagination ; mon sang circule à peine ; mes sens s'affaiblissent ; la plume s'échappe de mes mains, et je m'endors.

Ce surlendemain à mon réveil,

M. R. J. MORISOT,

Vérificateur des Bâtimens de la Couronne,
rue du Faubourg Poissonnière, n°. 10.

De l'imprimerie de Nouzou, rue de Cléry, n°. 9, à Paris.

136